Vin

Savais-tu ?

Les Souris

Savais-tu?

Les Souris

Alain M. Bergeron
Michel Quintin
Sampar

Illustrations de Sampar

ÉDITIONS
MICHEL
QUINTIN

Catalogage avant publication de Bibliothèque et Archives nationales du Québec et Bibliothèque et Archives Canada

Bergeron, Alain M.

Les souris

(Savais-tu? ; 34)
Pour enfants de 7 ans et plus.

ISBN 978-2-89435-345-5

1. Souris - Ouvrages pour la jeunesse. 2. Souris - Ouvrages illustrés - Ouvrages pour la jeunesse. I. Quintin, Michel, . II. Sampar. III. Titre. IV. Collection: Bergeron, Alain M. Savais-tu? ; 34.

QL737.R6B47 2007   j599.35   C2007-941621-7

Infographie : Marie-Ève Boisvert, Éd. Michel Quintin

Le Conseil des Arts du Canada
The Canada Council for the Arts

Patrimoine canadien   Canadian Heritage

La publication de cet ouvrage a été réalisée grâce au soutien financier du Conseil des Arts du Canada et de la SODEC. De plus, les Éditions Michel Quintin bénéficient de l'aide financière du gouvernement du Canada par l'entremise du Programme d'aide au développement de l'industrie de l'édition (PADIÉ) pour leurs activités d'édition.

Gouvernement du Québec – Programme de crédit d'impôt pour l'édition de livres – Gestion SODEC

ISBN 978-2-89435-345-5
Dépôt légal - Bibliothèque et Archives nationales du Québec, 2007
Dépôt légal - Bibliothèque et Archives Canada, 2007

Éditions Michel Quintin
C.P. 340, Waterloo (Québec)
Canada J0E 2N0
Tél.:   450 539-3774
Téléc.: 450 539-4905
www.editionsmichelquintin.ca

08 - M L - 2

Imprimé au Canada

Savais-tu que la souris commune, qu'on appelle aussi souris domestique ou souris grise, est plutôt nocturne? Malgré cela, elle peut être active à toute heure du jour pour profiter des moments calmes de la maisonnée.

Savais-tu que s'il te faut 8 heures de sommeil par jour, c'est de 12 heures dont la souris a besoin? La chauve-souris, quant à elle, dort près de 20 heures quotidiennement.

Savais-tu que la souris est si agile qu'elle peut escalader un mur sans problème? Quand elle se déplace, sa queue lui sert de balancier. De plus, si elle arrive à se diriger dans le noir c'est grâce à ses longues moustaches.

Savais-tu que les souris vivent en communautés hiérarchisées au sein desquelles les mâles les plus forts dominent? Ces derniers ont, entre autres, accès les premiers aux sources de nourriture.

OH! LE BEAU MORCEAU DE FROMAGE!

TCHAC!

Savais-tu que dans une colonie de souris, les combats sont fréquents entre les mâles, rares entre les sexes et exceptionnels entre les femelles?

Savais-tu que les mâles ont tendance à produire des odeurs plus nombreuses et plus fortes que les femelles? L'odeur des jeunes mâles est, quant à elle, semblable à celle de leur mère.

Cela leur évite les attaques paternelles, en attendant qu'ils atteignent leur maturité sexuelle.

Savais-tu que le taux de testostérone dans le sang des mâles est de plus en plus élevé à mesure que l'on monte dans la hiérarchie?

Savais-tu que les souris mâles chantent lorsque le parfum d'une femelle les envoûte? Cette sérénade est tellement aiguë que contrairement au couinement, il est impossible de l'entendre sans un appareil spécial.

Savais-tu que la souris a un odorat si développé qu'elle peut reconnaître l'urine des membres de sa famille proche?

Savais-tu que c'est en distinguant ainsi l'odeur des mâles qui lui sont apparentés que la femelle évitera de s'accoupler avec eux?

Savais-tu que cette reconnaissance olfactive est un stratagème de la nature pour encourager le métissage? Ainsi, les problèmes reliés à la consanguinité sont évités.

Savais-tu qu'un mâle dominant peut s'accoupler avec une vingtaine de femelles en seulement 6 heures?

Savais-tu que les femelles peuvent avoir annuellement jusqu'à 7 portées d'une douzaine de petits chacune?

Savais-tu qu'à leur naissance, les souriceaux sont nus,
aveugles et ne pèsent guère plus d'un gramme et demi,
soit le poids d'une grosse cacahuète?

Savais-tu que les petits peuvent se reproduire dès l'âge de 6 semaines?

Savais-tu qu'à peine 24 heures après la mise bas, la femelle peut s'accoupler de nouveau?

Savais-tu qu'en situation idéale, une souris pourrait avoir jusqu'à 2 000 descendants en 2 ans seulement? La souris compte d'ailleurs parmi les mammifères les plus prolifiques.

Savais-tu que la surpopulation de l'espèce engendre la stérilité chez les femelles? Cela touche les plus jeunes femelles en particulier.

Savais-tu que, mis à part les chats, les souris sont au menu de plusieurs autres prédateurs dont les oiseaux de proie, les renards, les ratons laveurs, les rats et les mouffettes?

Savais-tu que la souris pourrait vivre jusqu'à 3 ans en liberté, mais qu'en fait il est rare qu'elle survive plus d'une année?

Savais-tu que des études ont démontré qu'en milieu agricole, une souris a seulement une chance sur deux d'atteindre l'âge de 50 jours?

Savais-tu que la souris mange presque de tout? Elle peut même ingurgiter du savon et de la colle.

Savais-tu qu'en plus de consommer nos réserves de nourriture et nos récoltes, ces rongeurs les contaminent de leurs crottes et de leur urine?

Savais-tu qu'en grugeant les fils électriques, la souris peut causer de terribles incendies?

Savais-tu que cette espèce est porteuse de graves maladies transmissibles à l'homme telles que la salmonellose et la fièvre typhoïde?

Savais-tu que pour s'en débarrasser, l'homme a inventé les pièges les plus savants dont des gaz mortels, des fusées asphyxiantes, des poisons et des virus contagieux?

Savais-tu que c'est en permettant à des souris communes albinos de s'accoupler qu'est née la souris blanche de laboratoire?

Savais-tu que, de tous les mammifères, la souris blanche est l'espèce dont on connaît le mieux la génétique?

Savais-tu que les chercheurs ont constaté une forme primitive d'empathie chez la souris? Lorsqu'une souris couine parce qu'elle a du mal, les autres manifestent également de la douleur.